AF199026

Impressum
Verlag: BABADADA GmbH, Nedderfeld 112 , 22529 Hamburg
Geschäftsführer / Verlagsleitung: Harald Hof
Druck: Books on Demand GmbH, In de Tarpen 42, 22848 Norderstedt

Imprint
Publisher: BABADADA GmbH, Nedderfeld 112 , 22529 Hamburg, Germany
Managing Director / Publishing direction: Harald Hof
Print: Books on Demand GmbH, In de Tarpen 42, 22848 Norderstedt

school

skola

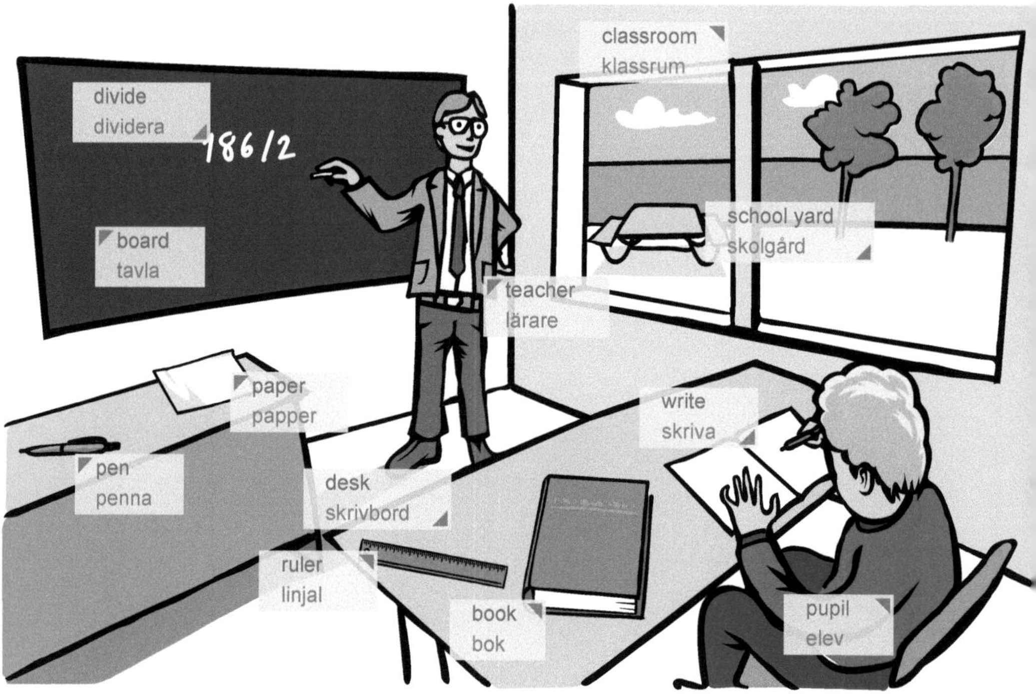

classroom
klassrum
divide
dividera
186/2
board
tavla
school yard
skolgård
teacher
lärare
paper
papper
write
skriva
pen
penna
desk
skrivbord
ruler
linjal
book
bok
pupil
elev

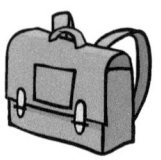

satchel

skolväska

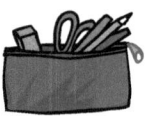

pencil case

pennfodral

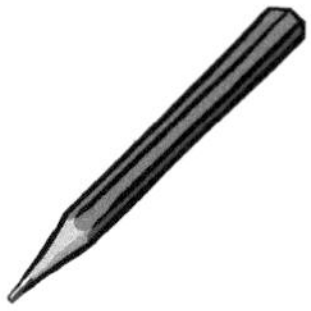

pencil

blyertspenna

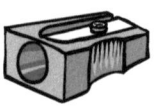

pencil sharpener

pennvässare

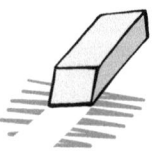

rubber

suddgummi

drawing pad

ritblock

drawing

teckning

paintbrush

pensel

paint box

målarlåda

scissors

sax

glue

lim

exercise book

övningsbok

homework

hemläxa

number

tal

add

addera

subtract

subtrahera

multiply

multiplicera

calculate

räkna

letter

bokstav

alphabet

alfabet

word

ord

text

text

read

läsa

chalk

krita

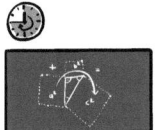

lesson

lektion

register

register

examination

prov

certificate

intyg

school uniform

skoluniform

education

utbildning

encyclopedia

uppslagsverk

university

universitet

microscope

mikroskop

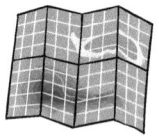

map

karta

waste-paper basket

papperskorg

travel
resa

hotel
hotell
Grand
hostel
vandrarhem
ROOMS
currency exchange office
växelkontor
car
bil

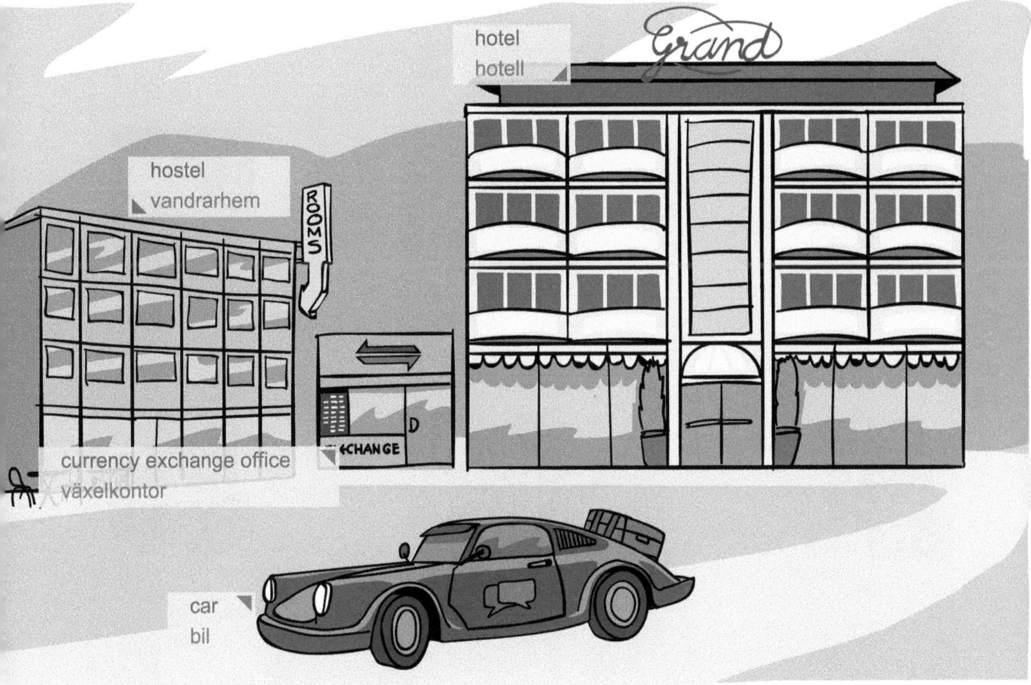

language
språk

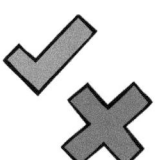

yes / no
ja / nej

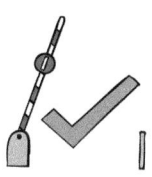

Okay
Okay

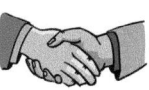

hello
hej

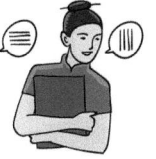

translator
översättare

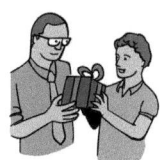

Thank you
Tack

how much is...?

hur mycket kostar...?

I don´t get it

jag förstår inte

problem

problem

Good evening!

God kväll!

Good morning!

God morgon!

Good night!

God natt!

goodbye

hejdå

direction

riktning

luggage

bagage

bag

väska

backpack

ryggsäck

guest

gäst

room

rum

sleeping bag

sovsäck

tent

tält

tourist information	beach	credit card
turistinformation	strand	kreditkort

breakfast	lunch	dinner
frukost	lunch	middag

Ticket	elevator	stamp
biljett	hiss	frimärke
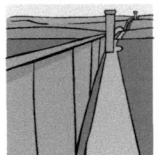		
border	customs	embassy
gräns	tull	ambassad

visa	passport	
visum	pass	

transport
transport

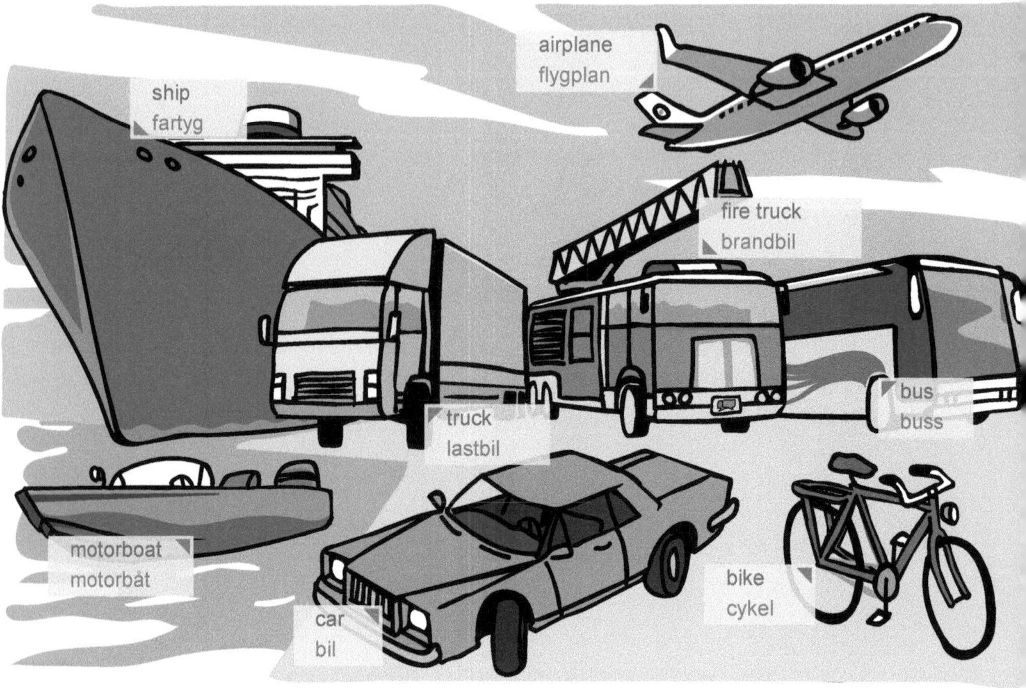

airplane
flygplan
ship
fartyg
fire truck
brandbil
truck
lastbil
bus
buss
motorboat
motorbåt
bike
cykel
car
bil

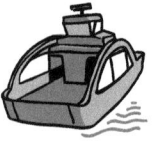

ferry

färja

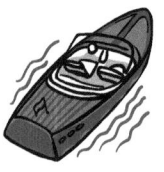

boat

båt

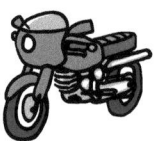

motorbike

motorcykel

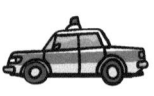

police car

polisbil

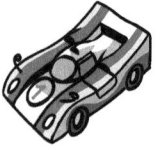

racing car

racerbil

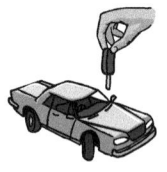

rental car

hyrbil

car sharing

bilpool

tow truck

bärgningsbil

garbage truck

sopbil

engine

motor

fuel

bränsle

fuel station

bensinstation

traffic sign

vägmärke

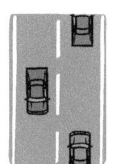

traffic

trafik

traffic jam

bilkö

parking lot

parkeringsplats

train station

tågstation

tracks

räls

train

tåg

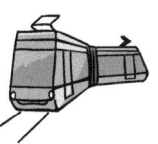

tram

spårvagn

wagon

vagn

transport - transport

helicopter

helikopter

airport

flygplats

tower

torn

passenger

passagerare

container

container

carton

kartong

cart

vagn

basket

korg

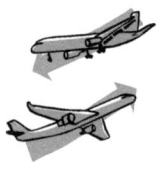

take off / land

starta / landa

city

stad

village

by

city center

centrum

house

hus

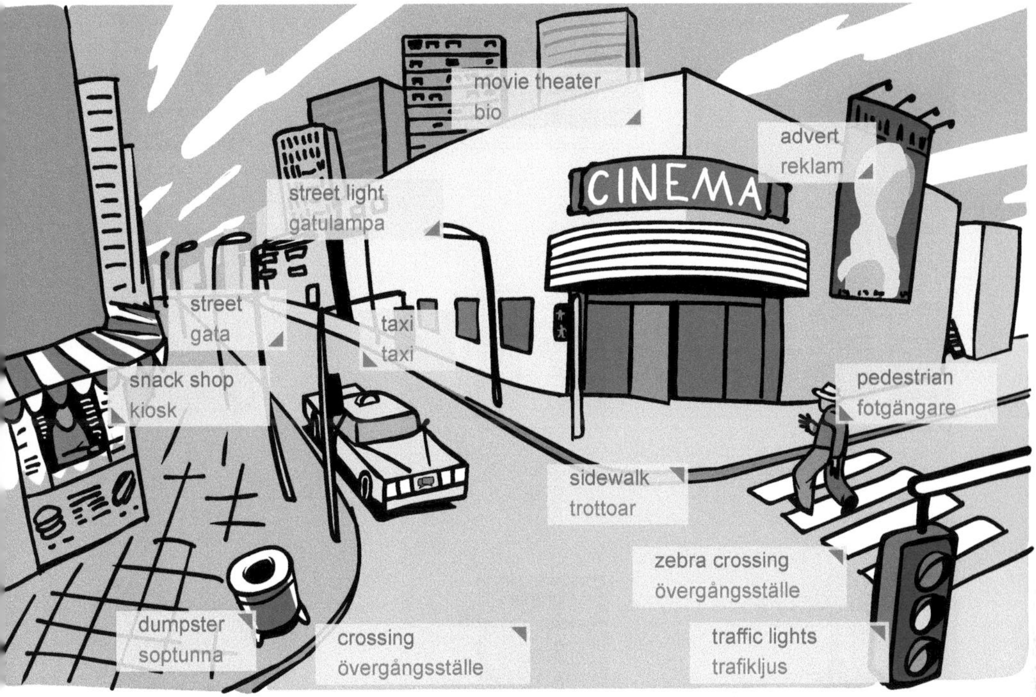

movie theater
bio

advert
reklam

street light
gatulampa

street
gata

taxi
taxi

snack shop
kiosk

CINEMA

pedestrian
fotgängare

sidewalk
trottoar

zebra crossing
övergångsställe

dumpster
soptunna

crossing
övergångsställe

traffic lights
trafikljus

hut

stuga

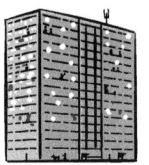

apartment

lägenhet

train station

tågstation

city hall

stadshus

museum

museum

school

skola

university
universitet

bank
bank

hospital
sjukhus

hotel
hotell

pharmacy
apotek

office
kontor

book shop
bokhandel

shop
affär

flower shop
blomsterbutik

supermarket
stormarknad

market
marknad

department store
varuhus

fishmonger's shop
fiskhandlare

mall
köpcentrum

harbor
hamn

park

park

bench

bänk

bridge

brygga

stairs

trappa

subway

tunnelbana

tunnel

tunnel

bus stop

busshållplats

bar

bar

restaurant

restaurang

postbox

brevlåda

street sign

gatuskylt

parking meter

parkeringsautomat

zoo

zoo

swimming pool

simbassäng

mosque

moské

farm
bondgård

pollution
förorening

cemetery
kyrkogård

church
kyrka

playground
lekplats

temple
tempel

landscape
landskap

signpost
vägskylt

path
väg

meadow
äng

stone
sten

hiker
liftare

tree
träd

river
flod

grass
gräs

flower
blomma

valley
dal

hill
kulle

lake
sjö

forest
skog

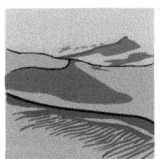

desert
öken

volcano
vulkan

castle
slott

rainbow
regnbåge

mushroom
svamp

palm tree
palm

mosquito
mygga

fly
fluga

ant
myra

bee
bi

spider
spindel

landscape - landskap

beetle

skalbagge

frog

groda

squirrel

ekorre

hedgehog

igelkott

hare

hare

owl

uggla

bird

fågel

swan

svan

boar

vildsvin

deer

rådjur

moose

älg

dam

damm

wind turbine

vindkraftverk

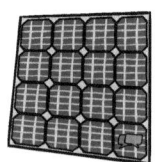

solar panel

solcellspanel

climate

klimat

landscape - landskap

restaurant

restaurang

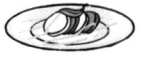

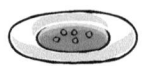

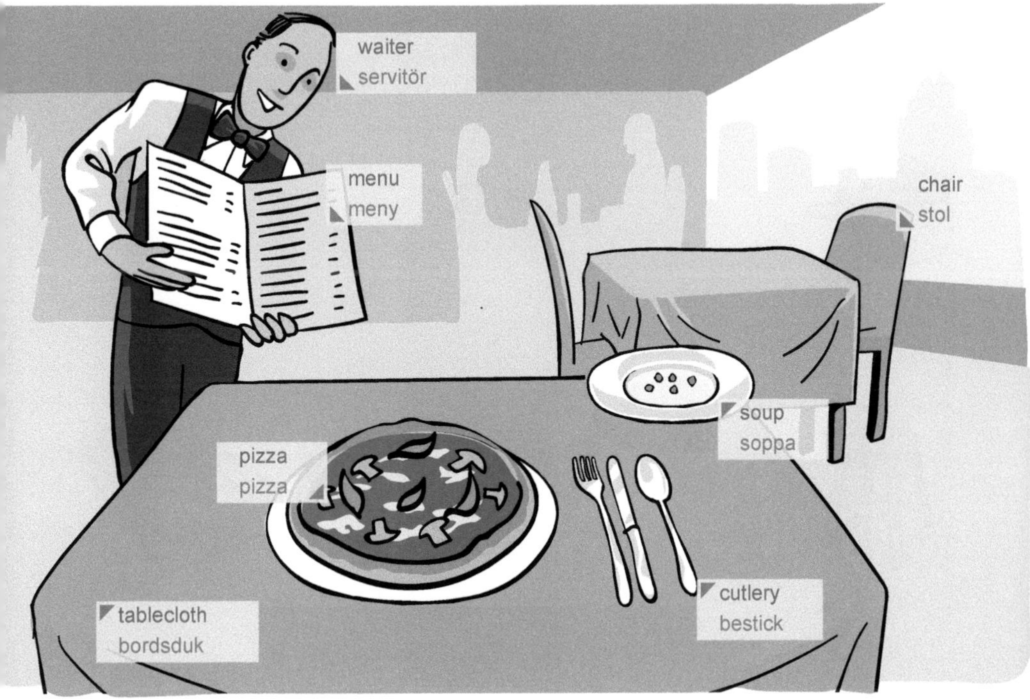
waiter
servitör
menu
meny
chair
stol
soup
soppa
pizza
pizza
cutlery
bestick
tablecloth
bordsduk

starter

förrätt

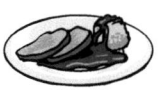

main course

huvudrätt

dessert

dessert

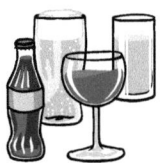

drinks

drycker

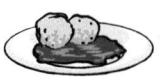

food

mat

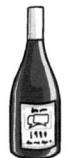

bottle

flaska

fast food

snabbmat

street food

street food

teapot

tekanna

sugar bowl

sockerskål

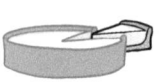

portion

portion

espresso machine

espressomaskin

high chair

barnstol

bill

räkning

tray

bricka

knife

kniv

fork

gaffel

spoon

sked

teaspoon

tesked

serviette

servett

glass

glas

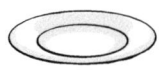

plate

tallrik

soup plate

sopptallrik

saucer

tefat

sauce

sås

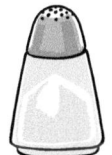

salt shaker

saltkar

pepper mill

pepparkvarn

vinegar

vinäger

oil

olja

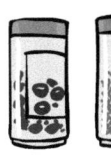

spices

kryddor

ketchup

ketchup

mustard

senap

mayonnaise

majonnäs

supermarket
stormarknad

special offer
specialerbjudande
FOR
customer
kund
dairy products
mejeriprodukter
fruit
frukt
shopping cart
varukorg

BUTCHERS

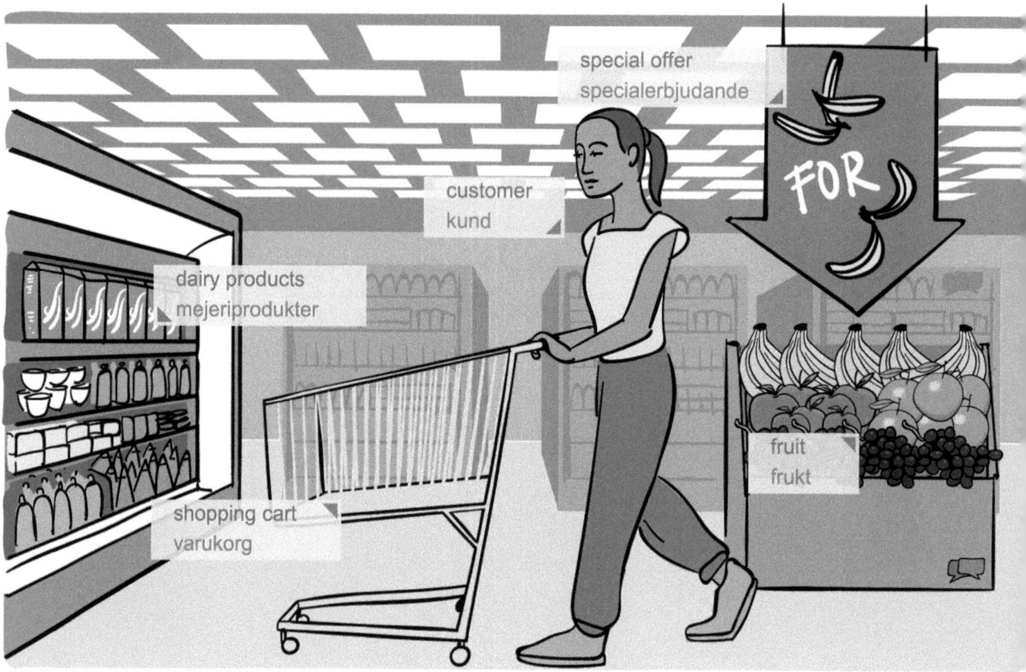

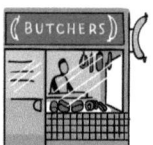

butcher's shop

charkuteri

BAKERY

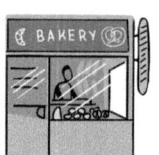

bakery

bageri

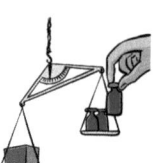

weigh

väga

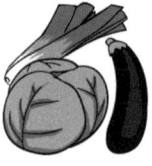

vegetables

grönsaker

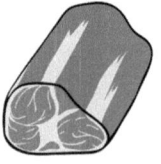

meat

kött

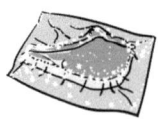

frozen food

frysta livsmedel

cold cuts
pålägg

canned food
konserver

detergent
tvättmedel

candy
godis

household products
hushållsprodukter

cleaning products
rengöringsmedel

sales representative
försäljare

cash register
kassa

cashier
kassör

shopping list
inköpslista

opening hours
öppettider

wallet
plånbok

credit card
kreditkort

bag
väska

plastic bag
plastpåse

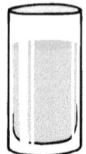

water

vatten

juice

juice

milk

mjölk

coke

cola

wine

vin

beer

öl

alcohol

alkohol

cocoa

kakao

tea

te

coffee

kaffe

espresso

espresso

cappuccino

cappuccino

banana

banan

apple

äpple

orange

apelsin

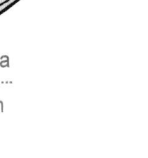

melon

melon

lemon

citron

carrot

morot

garlic

vitlök

bamboo

bambu

onion

lök

mushroom

svamp

nuts

nötter

noodles

nudlar

spaghetti

spaghetti

rice

ris

salad

sallad

fries

pommes frites

fried potatoes

stekt potatis

pizza

pizza

hamburger

hamburgare

sandwich

smörgås

escalope

schnitzel

ham

skinka

salami

salami

sausage

korv

chicken

kyckling

roast

stek

fish

fisk

porridge oats

havregryn

muesli

müsli

cornflakes

cornflakes

flour

mjöl

croissant

croissant

bread roll

fralla

bread

bröd

toast

rostat bröd

cookies

kex

butter

smör

curd

kvarg

cake

kaka

egg

ägg

fried egg

stekt ägg

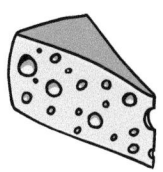

cheese

ost

ice cream

glass

sugar

socker

honey

honung

jelly

sylt

nougat cream

nougatkräm

curry

curry

farm
bondgård

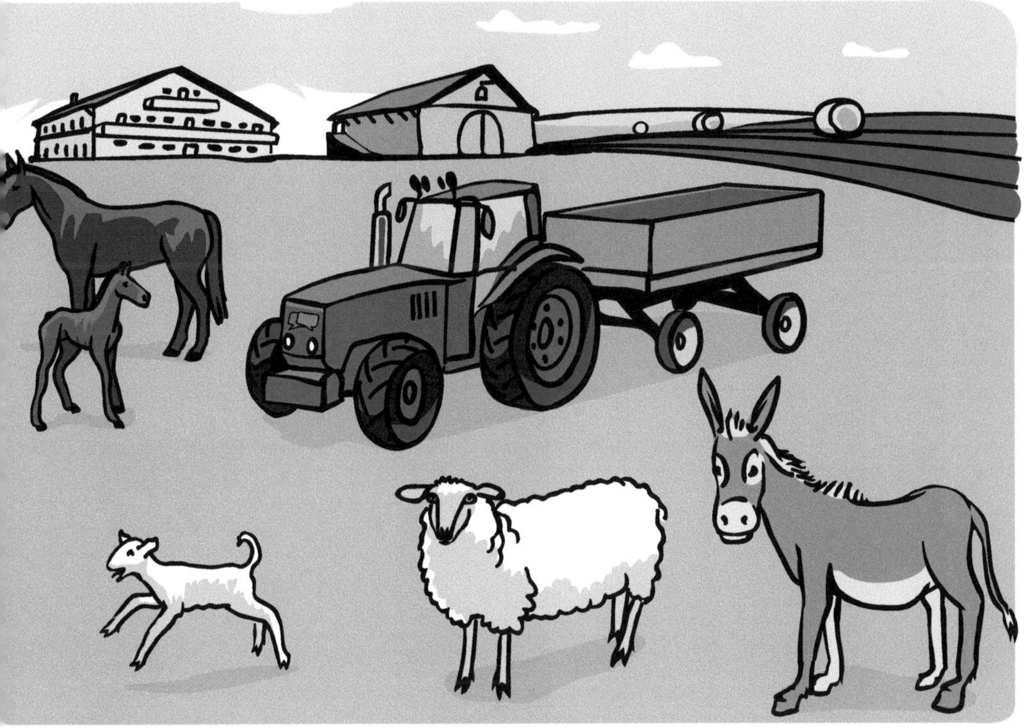

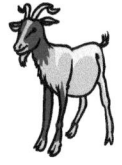

goat

get

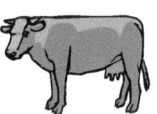

cow

ko

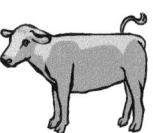

calf

kalv

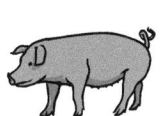

pig

gris

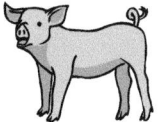

piglet

griskulting

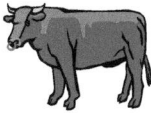

bull

tjur

goose

gås

duck

anka

chick

kyckling

hen

höna

cockerel

tupp

rat

råtta

cat

katt

mouse

mus

ox

oxe

dog

hund

dog house

hundkoja

garden hose

trädgårdsslang

watering can

vattenkanna

scythe

lie

plow

plog

sickle

skära

hoe

hacka

pitchfork

högaffel

axe

yxa

pushcart

skottkärra

trough

tråg

milk can

mjölkflaska

sack

säck

fence

staket

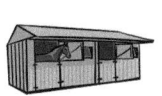

stable

stall

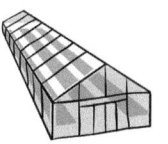

greenhouse

växthus

soil

jord

seed

säd

fertilizer

gödsel

combine harvester

skördetröska

farm - bondgård

harvest

skörda

harvest

skörd

yams

jams

wheat

vete

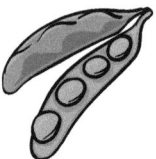

soya

soja

potato

potatis

corn

majs

rapeseed

raps

fruit tree

fruktträd

manioc

maniok

grain

spannmål

house

hus

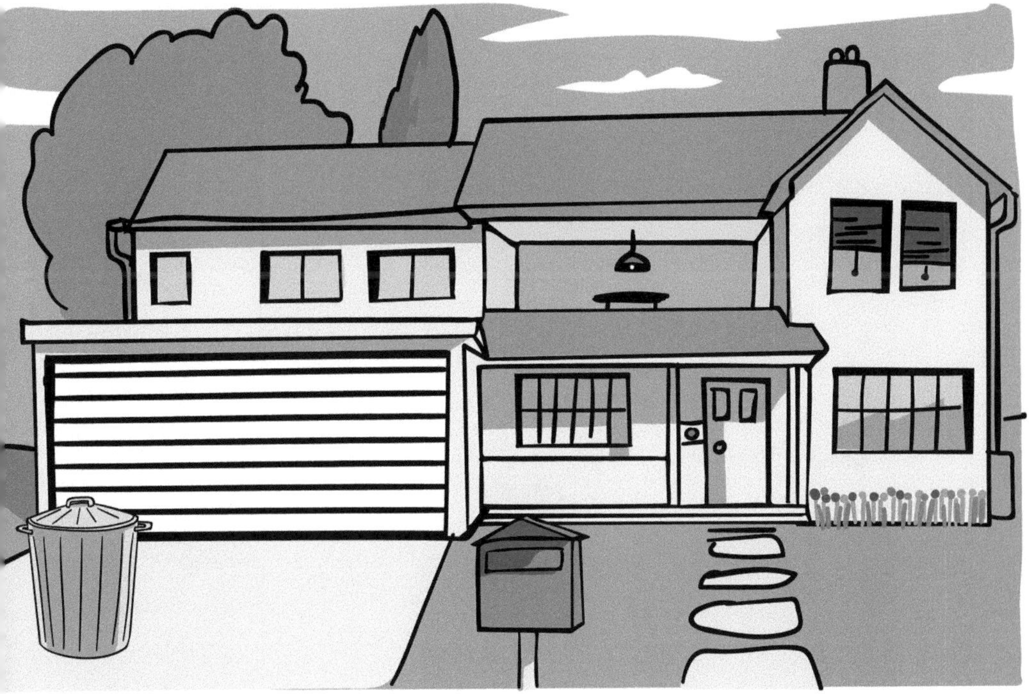

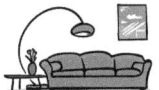

living room

vardagsrum

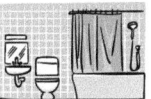

bathroom

badrum

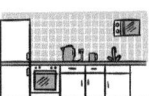

kitchen

kök

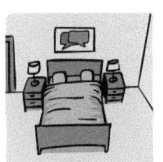

bedroom

sovrum

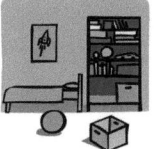

kids room

barnrum

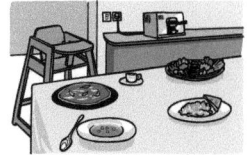

dining room

matsal

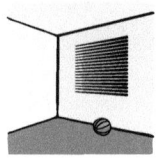

floor

golv

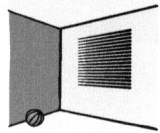

wall

vägg

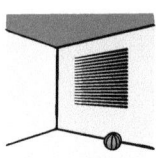

ceiling

tak

cellar

källare

sauna

bastu

balcony

balkong

terrace

terrass

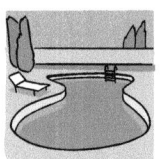

pool

bassäng

lawn mower

gräsklippare

sheet

lakan

bedspread

överkast

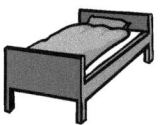

bed

säng

broom

kvast

bucket

hink

switch

strömbrytare

living room
vardagsrum

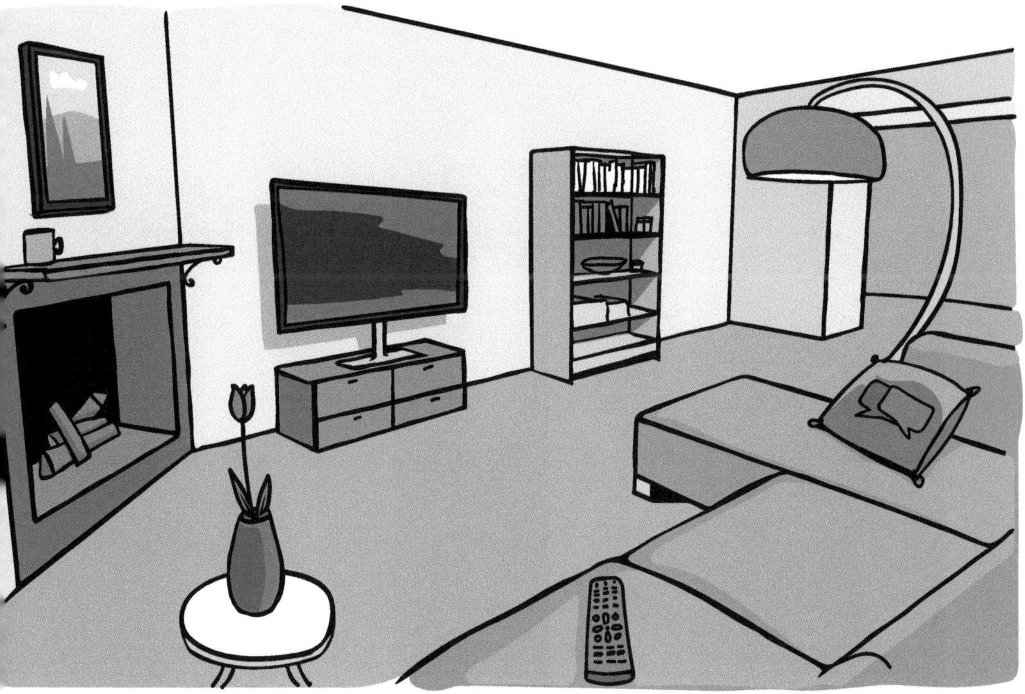

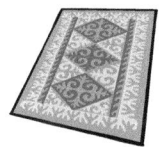

carpet

matta

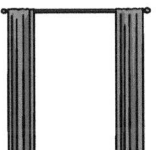

drape

gardin

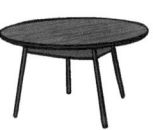

table

bord

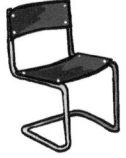

chair

stol

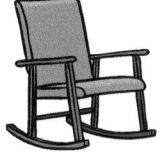

rocking chair

gungstol

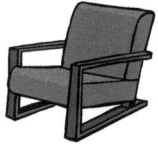

armchair

fåtölj

book

bok

blanket

filt

decoration

dekoration

firewood

vedträ

film

film

stereo system

stereoanläggning

key

nyckel

newspaper

dagstidning

painting

målning

poster

poster

radio

radio

notebook

anteckningsbok

vacuum cleaner

dammsugare

cactus

kaktus

candle

stearinljus

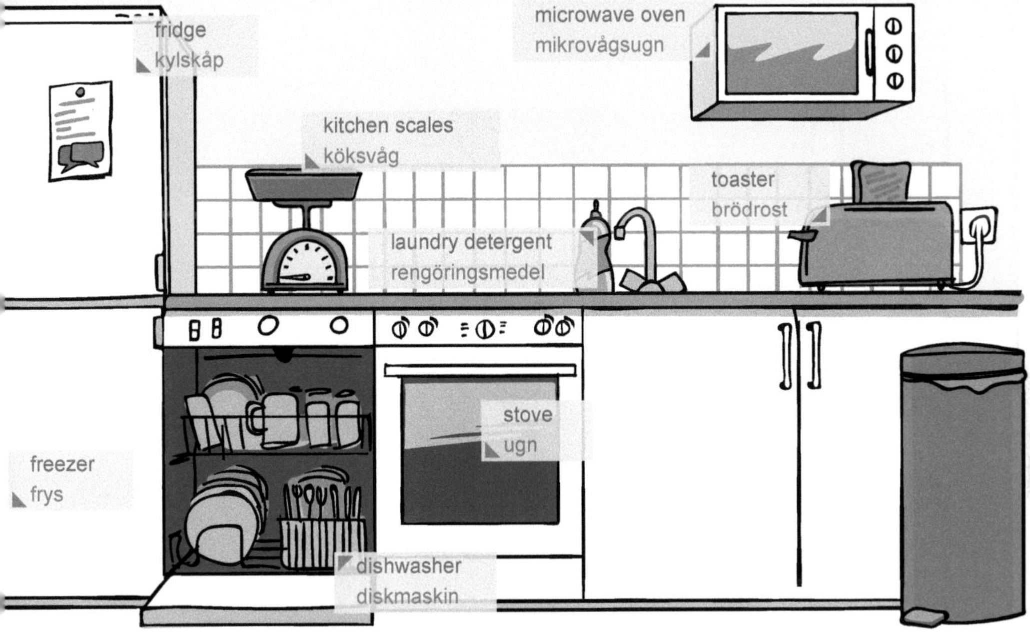

fridge
kylskåp

microwave oven
mikrovågsugn

kitchen scales
köksvåg

toaster
brödrost

laundry detergent
rengöringsmedel

freezer
frys

stove
ugn

dishwasher
diskmaskin

cooker
....
spis

pot
....
kastrull

cast-iron pot
....
järngryta

wok / kadai
....
wok / kadai

pan
....
stekpanna

kettle
....
vattenkokare

steamer

ångkokare

baking tray

bakplåt

crockery

porslin

mug

mugg

bowl

skål

chopsticks

ätpinnar

ladle

soppslev

spatula

stekspade

whisk

visp

strainer

durkslag

sieve

sil

grater

rivjärn

mortar

mortel

barbecue

grill

fireplace

brasa

chopping board
skärbräda

rolling pin
kavel

corkscrew
korkskruv

can
burk

can opener
burköppnare

oven cloth
grytlapp

sink
vask

brush
borste

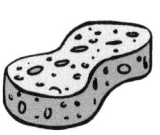

sponge
svamp

blender
mixer

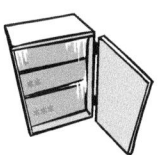

deep freezer
frys

baby bottle
nappflaska

tap
kran

kitchen - kök

bathroom
badrum

heating
värme

shower
dusch

towel
handduk

shower curtain
duschdraperi

bubble bath
bubbelbad

bathtub
badkar

glass
glas

washing machine
tvättmaskin

tap
kran

tiles
kakel

potty
potta

sink
vask

toilet
toalett

squat toilet
låg toalett

bidet
bidet

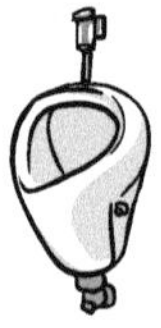

urinal
pissoar

toilet paper
toalettpapper

toilet brush
toalettborste

toothbrush

tandborste

toothpaste

tandkräm

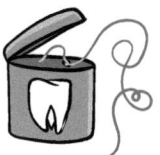

dental floss

tandtråd

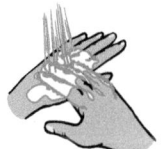

wash

tvätta

hand shower

handdusch

douche

intimdusch

basin

handfat

back brush

ryggborste

soap

tvål

shower gel

duschgel

shampoo

schampo

flannel

trasa

drain

avlopp

creme

crème

deodorant

deodorant

mirror

spegel

hand mirror

handspegel

razor

rakhyvel

shaving foam

raklödder

aftershave

rakvatten

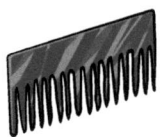

comb

kam

brush

borste

hair-dryer

hårtork

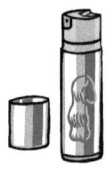

hairspray

hårspray

makeup

smink

lipstick

läppstift

nail varnish

nagellack

cotton wool

bomullsvadd

nail scissors

nagelsax

perfume

parfym

washbag

necessär

stool

pall

weighing scales

våg

bathrobe

badrock

rubber gloves

gummihandskar

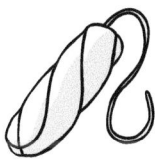

tampon

tampong

sanitary towel

binda

chemical toilet

kemisk toalett

kids room
barnrum

alarm clock
väckarklocka
cuddly toy
gosedjur
toy car
leksaksbil
rattle
skallra
doll's house
dockhus
present
present

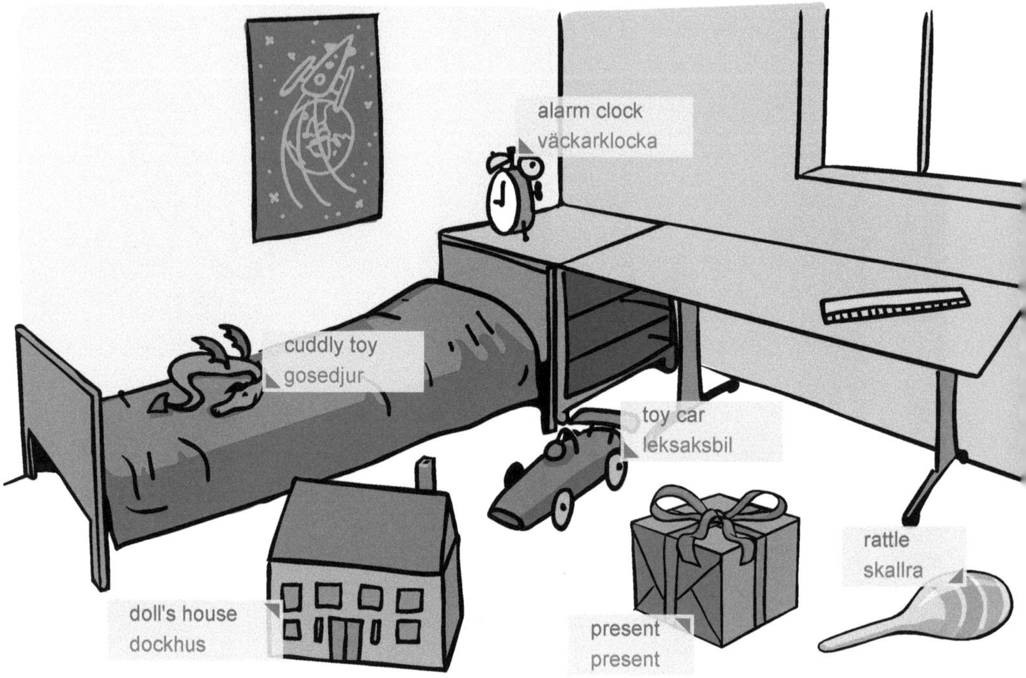

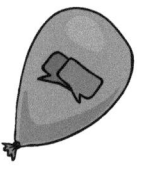

balloon
ballong

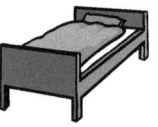

bed
säng

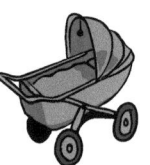

stroller
barnvagn

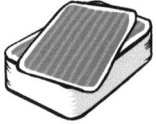

deck of cards
kortlek

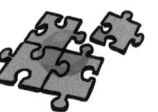

jigsaw
pussel

comic
serietidning

lego bricks
legobitar

toy blocks
klossar

action figure
actionfigur

romper suit
sparkdräkt

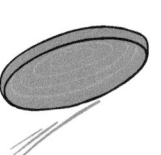

frisbee
frisbee

mobile
mobil

board game
brädspel

dice
tärning

model train set
modelljärnväg

pacifier
napp

party
party

picture book
bilderbok

ball
boll

doll
docka

play
spela

sandpit

sandlåda

swing

gunga

toys

leksaker

video game console

spelkonsol

tricycle

trehjuling

teddy bear

nalle

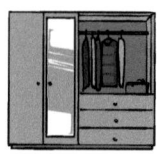

wardrobe

garderob

clothing

kläder

socks

sockar

stockings

strumpor

tights

tights

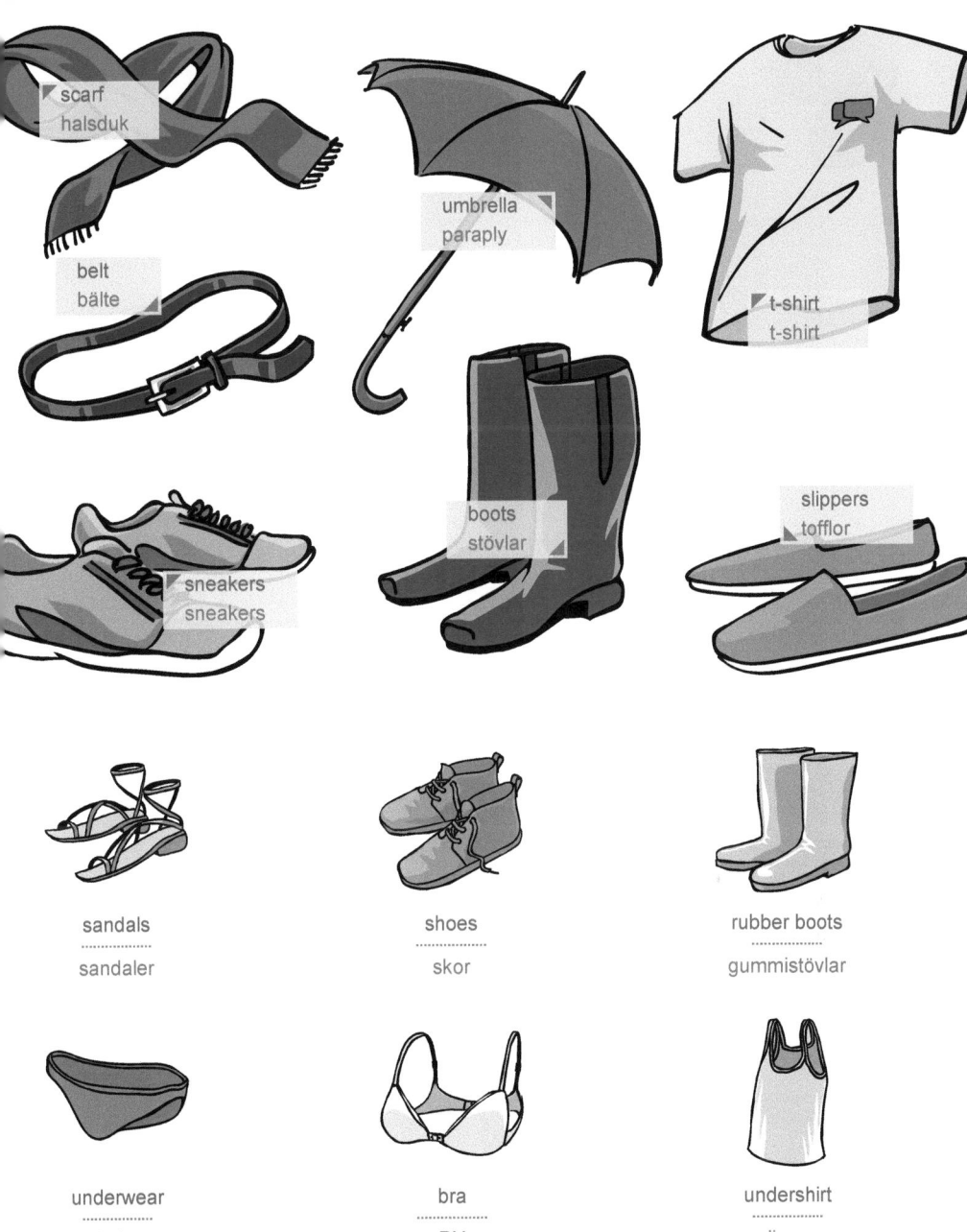

scarf
halsduk

belt
bälte

umbrella
paraply

t-shirt
t-shirt

sneakers
sneakers

boots
stövlar

slippers
tofflor

sandals
....
sandaler

shoes
....
skor

rubber boots
....
gummistövlar

underwear
....
underbyxor

bra
....
BH

undershirt
....
linne

body
body

pants
byxor

jeans
jeans

skirt
kjol

blouse
blus

shirt
skjorta

pullover
pullover

sweater
sweater

blazer
blazer

jacket
jacka

coat
kappa

raincoat
regnjacka

costume
dräkt

dress
klänning

wedding dress
bröllopsklänning

suit	nightgown	pajamas
kostym	nattlinne	pyjamas

sari	headscarf	turban
sari	slöja	turban

burka	kaftan	abaya
burka	kaftan	abaya

swimsuit	trunks	shorts
baddräkt	badbyxor	shorts

tracksuit	apron	gloves
träningsoverall	förkläde	handskar

button
knapp

glasses
glasögon

bracelet
armband

necklace
halsband

ring
ring

earring
örhänge

cap
mössa

coat hanger
galge

hat
hatt

tie
slips

zip
dragkedja

helmet
hjälm

braces
hängslen

school uniform
skoluniform

uniform
uniform

bib
....
haklapp

pacifier
....
napp

diaper
....
blöja

office
kontor

server
server

filing cabinet
dokumentskåp

printer
skrivare

paper
papper

monitor
bildskärm

desk
skrivbord

mouse
mus

folder
mapp

keyboard
tangentbord

waste-paper basket
papperskorg

chair
stol

computer
dator

coffee mug
....
kaffemugg

calculator
....
miniräknare

internet
....
internet

laptop

bärbar dator

letter

brev

message

meddelande

cell phone

mobiltelefon

network

nätverk

photocopier

kopieringsapparat

software

programvara

telephone

telefon

plug socket

vägguttag

fax machine

fax

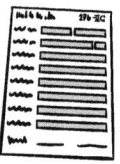

form

blankett

document

dokument

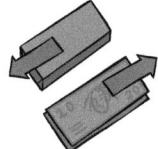

buy

köpa

pay

betala

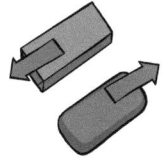

trade

handla

money

pengar

dollar

dollar

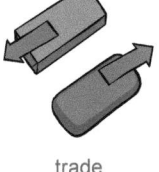

euro

euro

yen

yen

rouble

rubel

Swiss franc

schweizisk franc

renminbi yuan

renminbi yan

rupee

rupie

cash point

bankomat

currency exchange office

växelkontor

gold

guld

silver

silver

oil

olja

energy

energi

price

pris

contract

kontrakt

tax

skatt

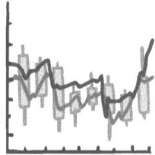

stock

aktie

work

arbeta

employee

anställd

employer

arbetsgivare

factory

fabrik

shop

affär

economy - ekonomi

occupations

yrken

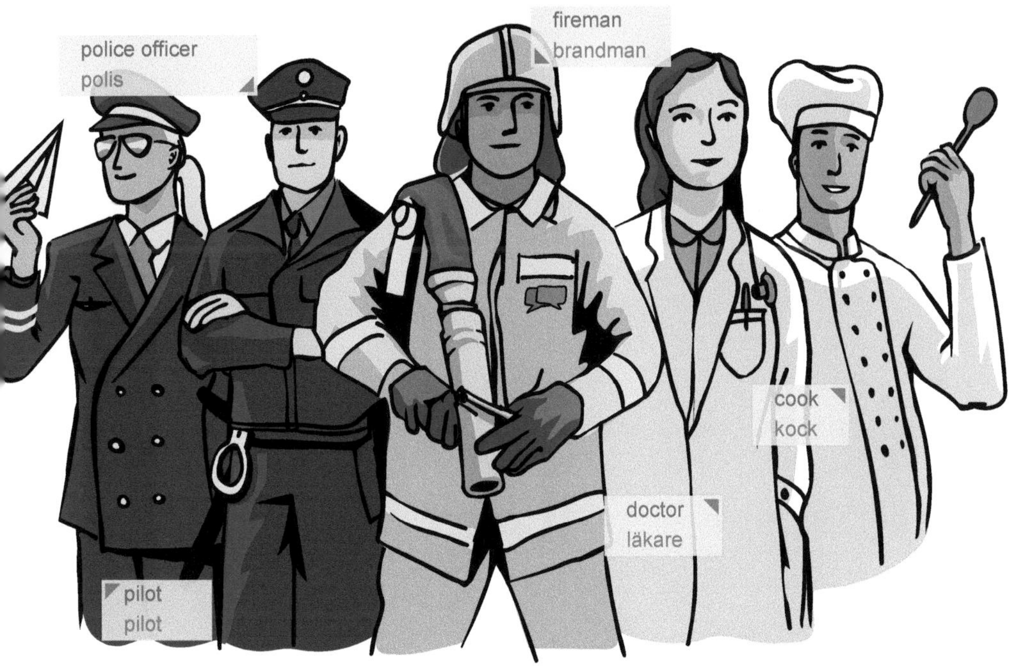
police officer
polis
fireman
brandman
cook
kock
doctor
läkare
pilot
pilot

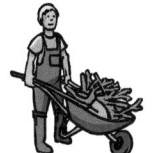

gardener

trädgårdsmästare

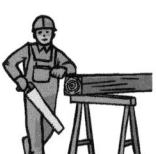

carpenter

snickare

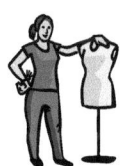

seamstress

sömmerska

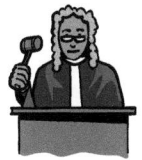

judge

domare

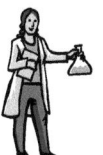

chemist

kemist

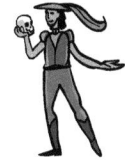

actor

skådespelare

bus driver

busschaufför

taxi driver

taxichaufför

fisherman

fiskare

cleaning lady

städerska

roofer

takläggare

waiter

servitör

hunter

jägare

painter

målare

baker

bagare

electrician

elektriker

builder

byggarbetare

engineer

ingenjör

butcher

slaktare

plumber

rörmokare

postman

brevbärare

occupations - yrken

soldier

soldat

architect

arkitekt

cashier

kassör

florist

florist

hairdresser

frisör

conductor

konduktör

mechanic

mekaniker

captain

kapten

dentist

tandläkare

scientist

vetenskapsman

rabbi

rabbin

imam

imam

monk

munk

pastor

präst

tools
verktyg

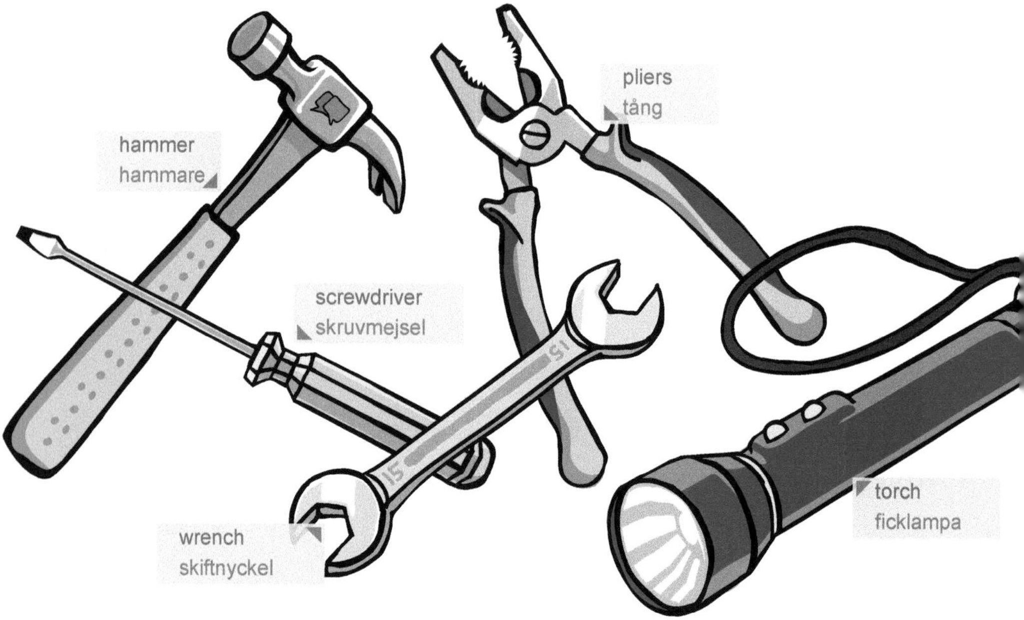
hammer
hammare
pliers
tång
screwdriver
skruvmejsel
wrench
skiftnyckel
torch
ficklampa

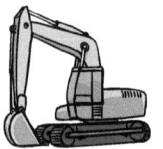

excavator

grävmaskin

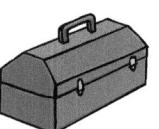

toolbox

verktygslåda

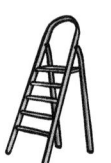

ladder

stege

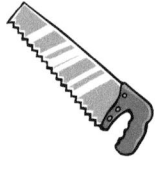

saw

såg

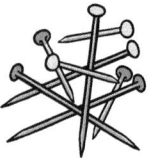

nails

spik

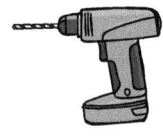

drill

borr

repair
reparera

shovel
spade

Damn!
Helvete!

dustpan
sopskyffel

paint can
färgburk

screws
skruvar

musical instruments
musikinstrument

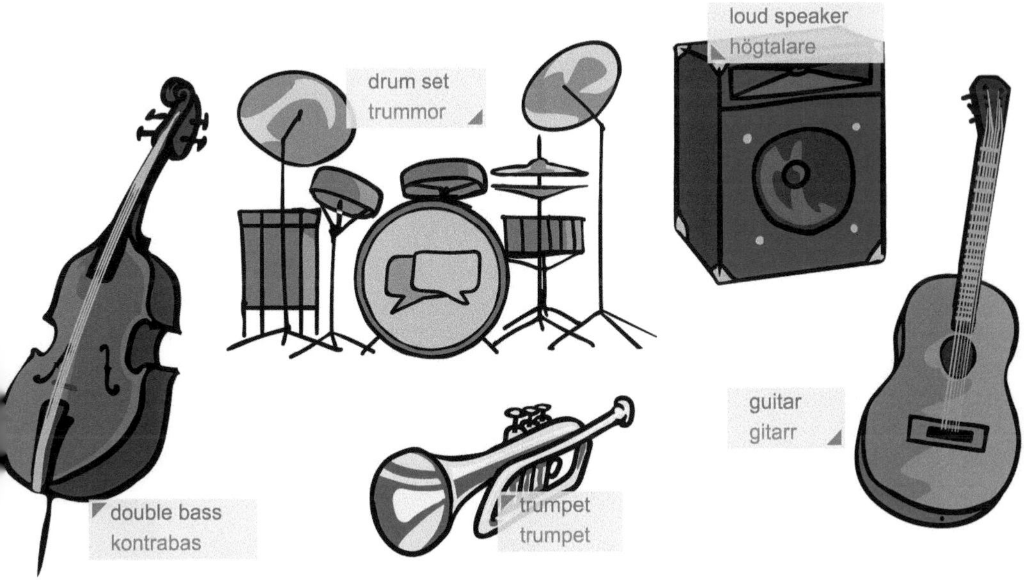

loud speaker
högtalare

drum set
trummor

guitar
gitarr

double bass
kontrabas

trumpet
trumpet

piano

piano

violin

violin

bass

bas

timpani

timpani

drums

trumma

keyboard

keyboard

saxophone

saxofon

flute

flöjt

microphone

mikrofon

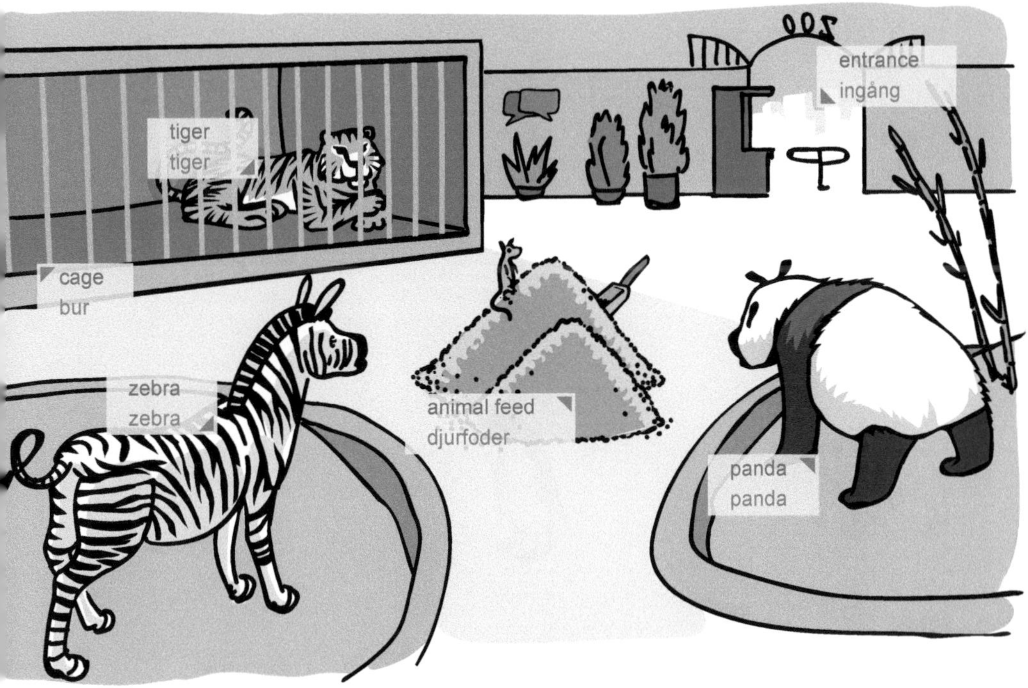

tiger
tiger

entrance
ingång

cage
bur

zebra
zebra

animal feed
djurfoder

panda
panda

animals
djur

elephant
elefant

kangaroo
känguru

rhino
noshörning

gorilla
gorilla

bear
björn

camel

kamel

ostrich

struts

lion

lejon

monkey

apa

flamingo

flamingo

parrot

papegoja

polar bear

isbjörn

penguin

pingvin

shark

haj

peacock

påfågel

snake

orm

crocodile

krokodil

zookeeper

djurskötare

seal

säl

jaguar

jaguar

pony
ponny

leopard
leopard

hippo
flodhäst

giraffe
giraff

eagle
örn

boar
vildsvin

fish
fisk

turtle
sköldpadda

walrus
valross

fox
räv

gazelle
gazell

American football
amerikansk fotboll

cycling
cykling

tennis
tennis

basketball
basket

swimming
simning

boxing
boxning

ice hockey
ishockey

soccer
fotboll

badminton
badminton

athletics
friidrott

handball
handboll

skiing
skidåkning

polo
polo

activities
aktiviteter

jump
hoppa
hug
krama
laugh
skratta
walk
gå
sing
sjunga
dream
drömma
pray
be
kiss
kyssa

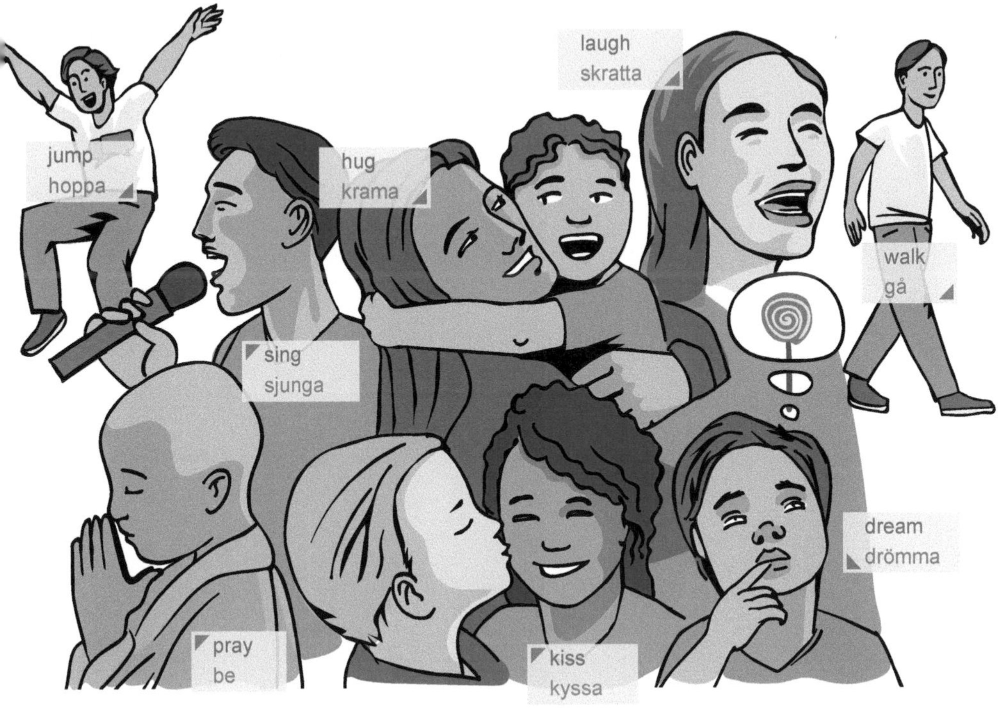

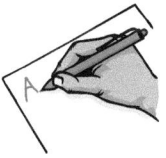

write

skriva

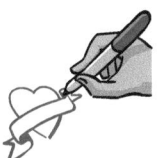

draw

rita

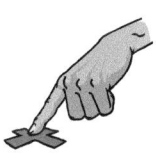

show

visa

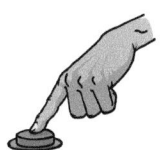

push

skjuta

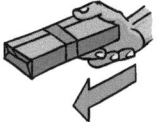

give

ge

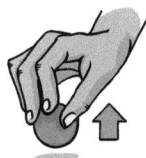

take

ta

have
hagel

do
göra

be
vara

stand
stå

run
springa

pull
dra

throw
kasta

fall
falla

lie
ligga

wait
vänta

carry
bära

sit
sitta

get dressed
klä på

sleep
sova

wake up
vakna

activities - aktiviteter

look at

se på

cry

gråta

stroke

smeka

comb

kamma

talk

prata

understand

förstå

ask

fråga

listen

höra

drink

dricka

eat

äta

tidy up

städa

love

älska

cook

laga mat

drive

köra

fly

flyga

activities - aktiviteter

sail

segla

calculate

räkna

read

läsa

learn

lära sig

work

arbeta

marry

gifta sig

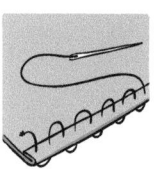

sew

sy

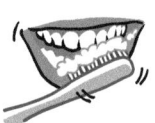

brush teeth

borsta tänderna

kill

döda

smoke

röka

send

skicka

grandmother
mormor/farmor

grandfather
morfar/farfar

father
pappa

mother
mamma

baby
baby

daughter
dotter

son
son

guest

gäst

aunt

moster/faster

uncle

farbror/morbror

brother

bror

sister

syster

body
kropp

forehead
panna
eye
öga
shoulder
skuldra
finger
finger
face
ansikte
chin
haka
hand
hand
leg
ben
breast
bröst
arm
arm

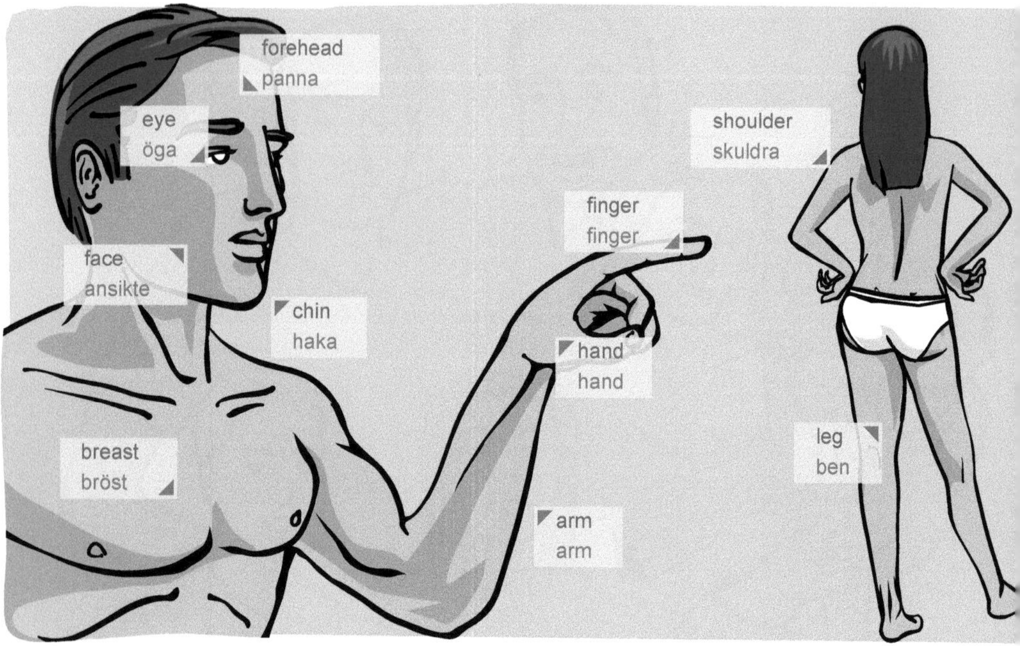

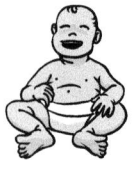

baby
baby

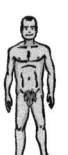

man
man

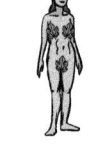

woman
kvinna

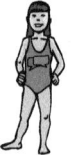

girl
flicka

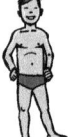

boy
pojke

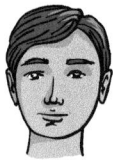

head
huvud

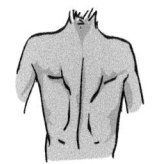

back
rygg

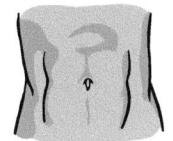

belly
mage

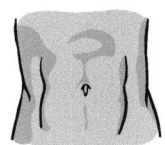

navel
navel

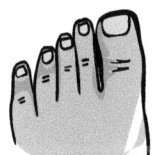

toe
tå

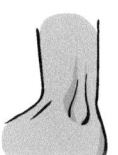

heel
häl

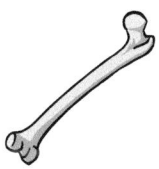

bone
ben

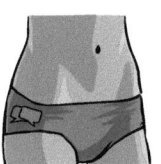

hip
höft

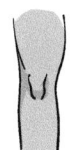

knee
knä

elbow
armbåge

nose
näsa

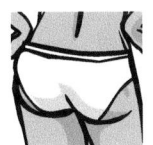

buttocks
stjärt

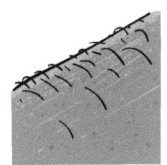

skin
hud

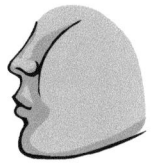

cheek
kind

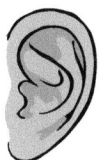

ear
öra

lip
läpp

body - kropp

mouth
mun

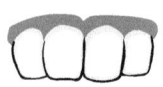

tooth
tand

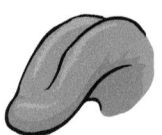

tongue
tunga

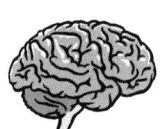

brain
hjärna

heart
hjärta

muscle
muskel

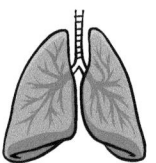

lung
lunga

liver
lever

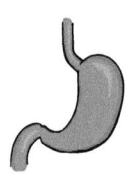

stomach
magsäck

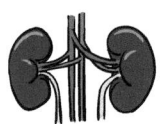

kidneys
njurar

sex
sex

condom
kondom

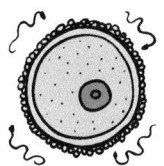

ovum
äggcell

semen
sperma

pregnancy
graviditet

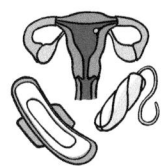

menstruation

menstruation

vagina

vagina

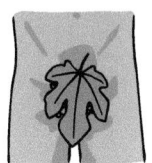

penis

penis

eyebrow

ögonbryn

hair

hår

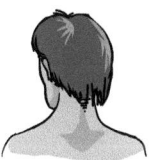

neck

nacke

hospital
sjukhus

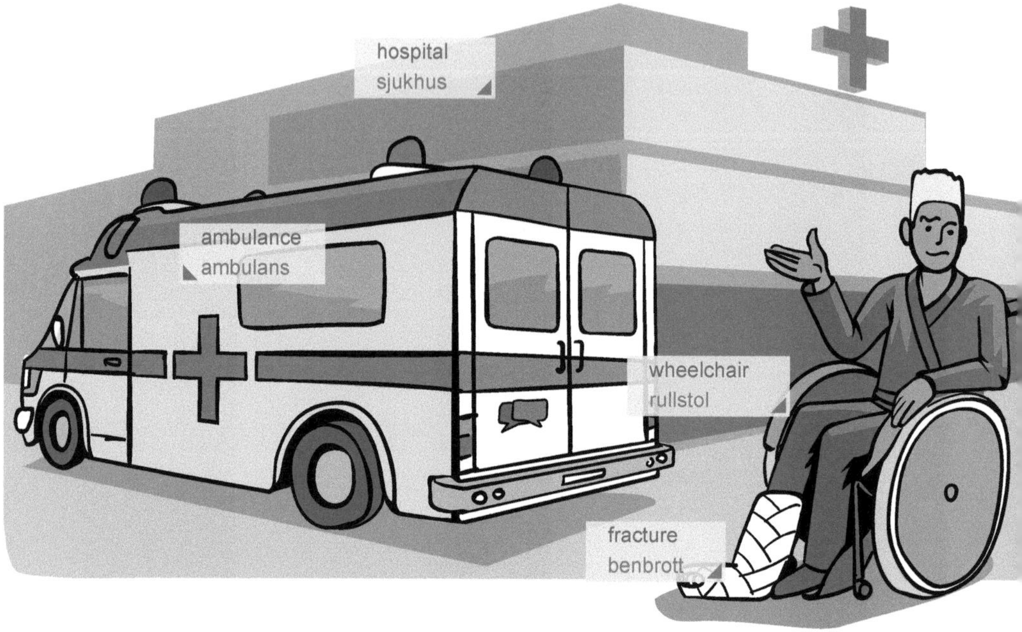

hospital
sjukhus
ambulance
ambulans
wheelchair
rullstol
fracture
benbrott

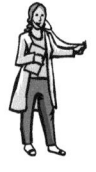

doctor
läkare

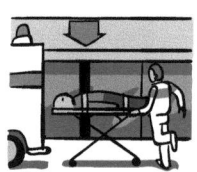

emergency room
akutmottagning

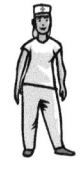

nurse
sjuksköterska

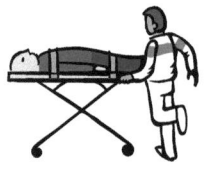

emergency
nödsituation

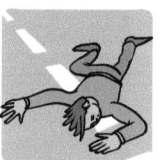

unconscious
medvetslös

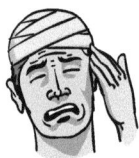

pain
smärta

	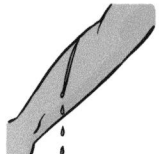	
injury	bleeding	heart attack
skada	blödning	hjärtattack

stroke	allergy	cough
slaganfall	allergi	hosta

fever	flu	diarrhea
feber	influensa	diarré
	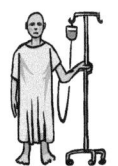	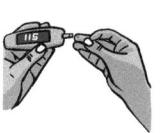
headache	cancer	diabetes
huvudvärk	cancer	diabetes

surgeon	scalpel	operation
kirurg	skalpell	operation

CT

CT

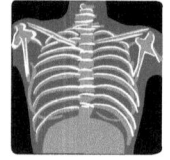

x-ray

röntgen

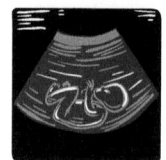

ultrasound

ultraljud

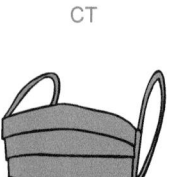

face mask

ansiktsmask

disease

sjukdom

waiting room

väntsal

crutch

krycka

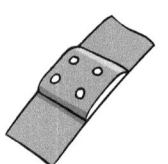

plaster

plåster

bandage

bandage

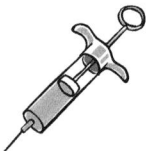

injection

injektion

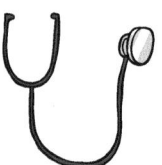

stethoscope

stetoskop

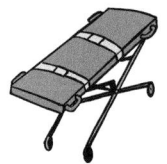

stretcher

bår

clinical thermometer

termometer

birth

födsel

overweight

övervikt

hospital - sjukhus

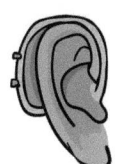

hearing aid

hörapparat

disinfectant

desinfektionsmedel

infection

infektion

virus

virus

HIV / AIDS

HIV / AIDS

medicine

medicin

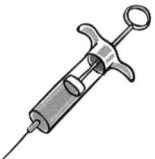

vaccination

vaccination

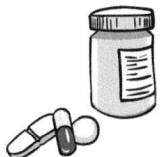

tablets

tabletter

pill

p-piller

emergency call

nödsamtal

blood pressure monitor

blodtrycksmätare

ill / healthy

sjuk / frisk

Help!	alarm	assault
Hjälp!	alarm	överfall

attack	danger	emergency exit
misshandel	fara	nödutgång

Fire!	fire extinguisher	accident
Det brinner!	brandsläckare	olycka
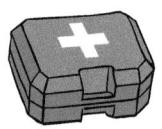		
first-aid kit	SOS	police
förbandslåda	SOS	polis

Europe

Europa

North America

Nordamerika

South America

Sydamerika

Africa

Afrika

Asia

Asien

Australia

Australien

Atlantic

Atlanten

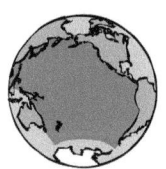

Pacific

Stilla Havet

Indian Ocean

Indiska Oceanen

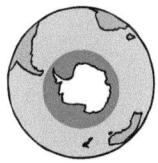

Antarctic Ocean

Antarktiska Oceanen

Arctic Ocean

Arktiska Oceanen

North pole

Nordpol

South pole

Sydpol

Antarctica

Antarktis

earth

Jorden

land

land

sea

hav

island

ö

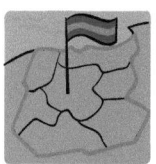

nation

nation

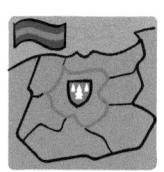

state

stat

clock face

urtavla

hour hand

timvisare

minute hand

minutvisare

second hand

sekundvisare

What time is it?

Vad är klockan?

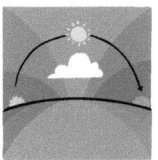

day

dag

time

tid

now

nu

digital watch

digital klocka

minute

minut

hour

timme

week

vecka

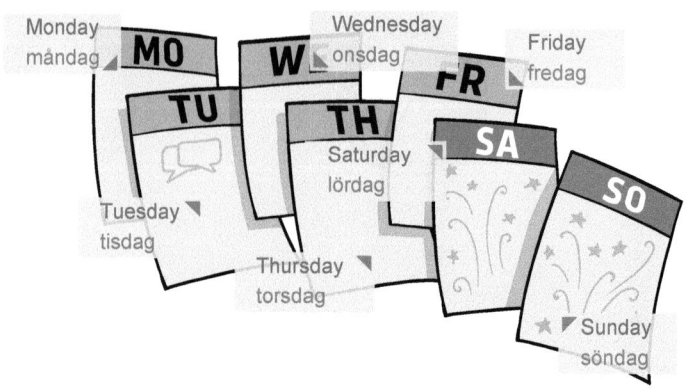

yesterday

igår

today

idag

tomorrow

imorgon

morning

morgon

noon

middag

evening

kväll

workdays

vardagar

weekend

helg

year

år

rain
regn
wind
vind
snow
snö
spring
vår
summer
sommar
fall
höst
winter
vinter

4.APRIL 11°
5.APRIL 4°
6.APRIL 13°
7.APRIL 8°
8.APRIL 10°

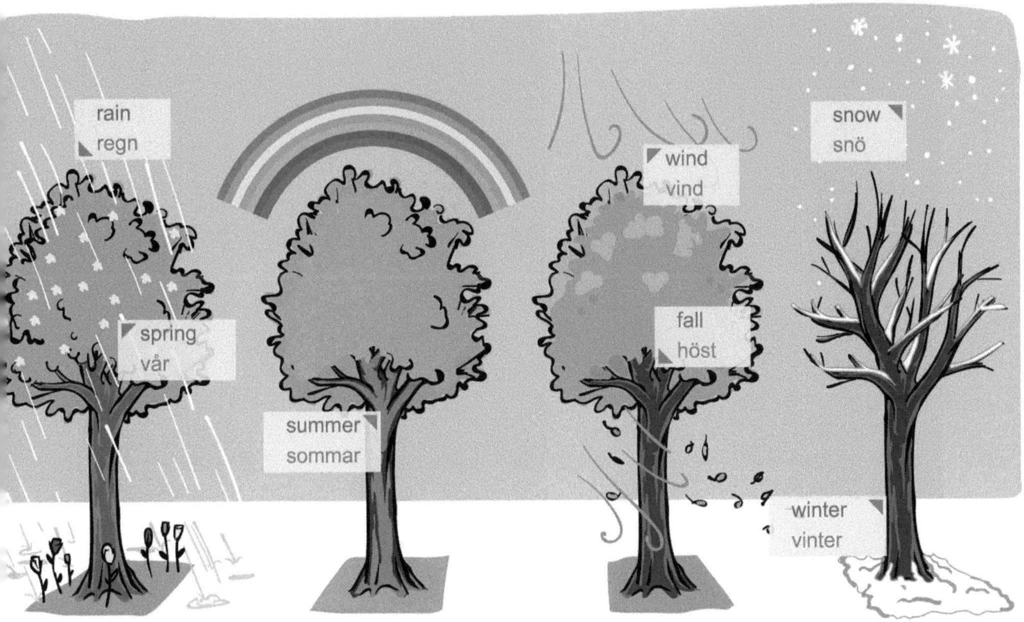

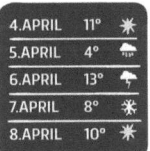

weather forecast

väderprognos

F C
120 40
90 30
60 20
30 10
0 0
-30 -10
-20

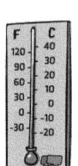

thermometer

termometer

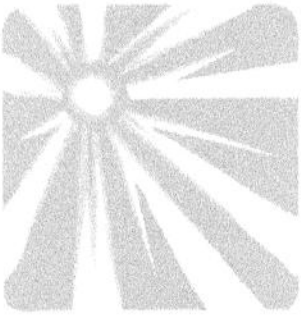

sunshine

solsken

cloud

moln

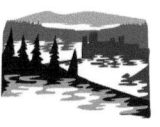

fog

dimma

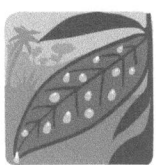

humidity

luftfuktighet

lightning

blixt

thunder

åska

storm

storm

hail

hagel

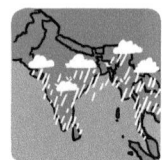

monsoon

monsun

flood

översvämning

ice

is

January

januari

February

februari

March

mars

April

april

May

maj

June

juni

July

juli

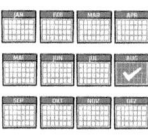

August

augusti

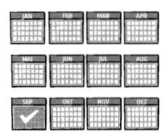

September
september

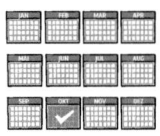

October
oktober

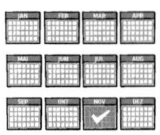

November
november

December
december

shapes
former

circle
cirkel

square
kvadrat

rectangle
rektangel

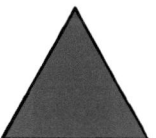

triangle
triangel

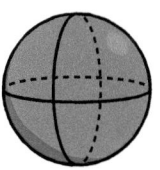

sphere
sfär

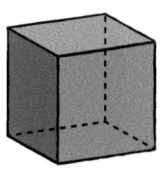

cube
kub

white

vit

yellow

gul

orange

orange

pink

rosa

red

röd

purple

lila

blue

blå

green

grön

brown

brun

gray

grå

black

svart

a lot / a little

mycket / lite

angry / calm

arg / lugn

beautiful / ugly

vacker / ful

beginning / end

början / slut

big / small

stor / liten

bright / dark

ljus / mörk

brother / sister

bror / syster

clean / dirty

ren / smutsig

complete / incomplete

komplett / ofullständig

day / night

dag / natt

dead / alive

död / levande

wide / narrow

bred / smal

edible / inedible

ätlig / oätlig

evil / kind

ond / god

excited / bored

upphetsad / uttråkad

fat / thin

tjock / smal

first / last

först / sist

friend / enemy

vän / fiende

full / empty

full / tom

hard / soft

hård / mjuk

heavy / light

tung / lätt

hunger / thirst

hunger / törst

ill / healthy

sjuk / frisk

illegal / legal

olaglig / laglig

intelligent / stupid

intelligent / dum

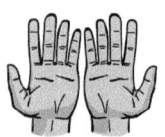

left / right

vänster / höger

near / far

nära / långt bort

opposites - motsatser

new / used

ny / begagnad

nothing / something

inget / något

old / young

gammal / ung

on / off

på / av

open / closed

öppen / stängd

quiet / loud

tyst / högljudd

rich / poor

rik / fattig

right / wrong

rätt / fel

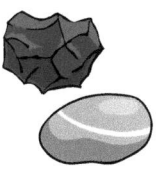

rough / smooth

grov / slät

sad / happy

ledsen / glad

short / long

kort / lång

slow / fast

långsam / snabb

wet / dry

våt / torr

warm / cool

varm / sval

war / peace

krig / fred

0

zero

noll

1

one

ett

2

two

två

3

three

tre

4

four

fyra

5

five

fem

6

six

sex

7

seven

sju

8

eight

åtta

9

nine

nio

10

ten

tio

11

eleven

elva

12

twelve

tolv

13

thirteen

tretton

14

fourteen

fjorton

15

fifteen

femton

16

sixteen

sexton

17

seventeen

sjutton

18

eighteen

arton

19

nineteen

nitton

20

twenty

tjugo

100

hundred

hundra

1.000

thousand

tusen

1.000.000

million

miljon

numbers - siffror

languages

English
engelska

American English
amerikansk engelska

Chinese Mandarin
kinesisk mandarin

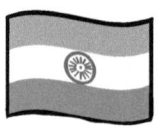

Hindi
hindi

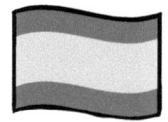

Spanish
spanska

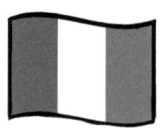

French
franska

Arabic
arabiska

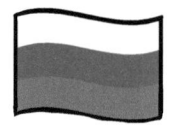

Russian
ryska

Portuguese
portugisiska

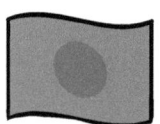

Bengali
bengali

German
tyska

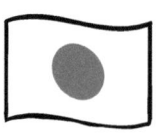

Japanese
japanska

I
....
jag

you
....
du

he / she / it
....
han / hon / den (det)

we
....
vi

you
....
ni

they
....
de

who?
....
vem?

what?
....
vad?

how?
....
hur?

where?
....
var?

when?
....
när?

name
....
namn

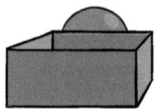

behind

bakom

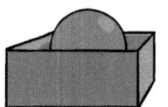

in

i

in front of

framför

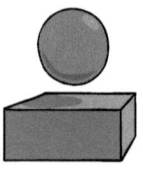

over

över

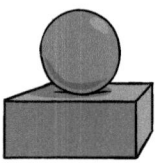

on

på

under

under

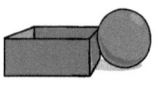

beside

bredvid

between

mellan

place

plats